AF258364

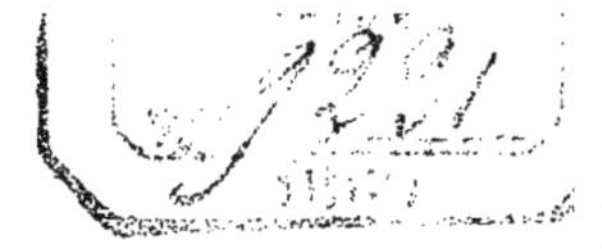

# LACUNES ET ERREURS

DU

# PROJET DE SÉNATUS-CONSULTE

### PORTANT MODIFICATION DE LA CONSTITUTION

### DES COLONIES DE LA MARTINIQUE, LA GUADELOUPE

### ET L'ILE DE LÁ RÉUNION

PAR

## GUSTAVE VINSON

AVOCAT

Membre du Conseil général et de la Commission d'instruction publique
de l'île de la Réunion.

PARIS

IMPRIMERIE ADMINISTRATIVE DE PAUL DUPONT

RUE J.-J.-ROUSSEAU 41, (HOTEL DES FERMES).

—

1869

# LACUNES ET ERREURS

DU

# PROJET DE SÉNATUS-CONSULTE

## QUELQUES OBSERVATIONS PRÉLIMINAIRES.

En juillet 1866 , sur l'initiative du ministère de la marine et des colonies, le Conseil d'État préparait, et le Sénat délibérait et votait un Sénatus-Consulte qui modifiait la Constitution donnée aux trois colonies de la Martinique, la Guadeloupe et de la Réunion en 1854. Et sur la résistance du même ministère de la marine, ce nouveau document législatif, tout en étendant dans une large mesure les attributions des Conseils généraux de ces trois colonies, refusait obstinément de rien innover sur la composition et l'organisation de ces Conseils et des Conseils municipaux.

Certes, ce ne sont ni les avis, ni les vœux, ni les demandes des parties intéressées qui ont manqué au Ministre, au Conseil d'État et au Sénat. Depuis 1859, chaque année invariablement, par son Conseil général, issu cependant de la faveur du Gouverneur, et par des pétitions adressées au Sénat, l'île de la Réunion n'a cessé de réclamer contre les dispositions du Sénatus-Consulte de 1854, qui excluait la population coloniale de toute participation aux affaires publiques.

En 1864, sur la demande du Ministre, alors M. Chasseloup-Laubat, le Conseil général formulait un projet de Sénatus-Consulte qui étendait les attributions du Conseil général , consacrait l'autonomie des Colonies non-seulement par rapport à la mère-patrie, mais encore à l'égard l'une de l'autre.

Réclamations de la presse, vœux des Conseils généraux et des Commissions municipales, pétitions des habitants, délibérations longues et réfléchies du Conseil général, tout fut impitoyablement dédaigné par le Ministère, par suite, dédaigné aussi par le Conseil d'État et par le Sénat. — Et des efforts de ces trois pouvoirs est sorti le Sénatus-Consulte de 1866, qui étendait les pouvoirs des Conseils généraux , dont la nomination fut laissée comme en 1854, à la faveur du Gouverneur pour moitié, et pour moitié au choix des Commissions municipales formées elles-mêmes par la seule faveur du Gouverneur. N'était-ce pas répondre en quelque sorte par un défi à cette aspiration soutenue et sans cesse exprimée par la Colonie, de prendre part, au moyen de l'élection, à la conduite des affaires publiques. Et à une population qui se plaignait de voir ses affaires conduites et compromises par des assemblées faites par le Gouverneur et à son gré, n'y avait-il donc d'autre réponse à faire que d'étendre les pouvoirs de pareilles assemblées ?

C'est cependant ce qu'a fait le Sénatus-Consulte de 1866. Il a abouti à une sorte de banqueroute pour la Colonie de la Réunion. Le trésor obéré ; les impôts, trop lourds déjà, augmentés encore en des temps de calamité, et rendus plus pesants par le mépris jeté à la face de contribuables dont les réclamations et les plaintes n'étaient pas entendues, auxquels on imposait des charges, auxquels on refusait tous droits.

On sait ce qui arriva. Le mécontentement n'eut plus de bornes, et après neuf ans d'efforts et de réclamations pacifiques, restées stériles, la désaffection d'abord, puis l'hostilité, prirent naissance dans le cœur des colons, à l'heure où il aurait fallu l'amour de la patrie, la confiance et le dévouement réciproques, des gouvernants et des gouvernés pour vaincre les difficultés réelles et vraiment extraordinaires que nous prodiguaient des circonstances naturelles, fatales et supérieures.

On connaît la suite, les soldats ont fait régner l'ordre, comme à Varsovie.

Cependant la vérité a été dite. Elle a été dite par la population et ses représentants officieux ; elle a été dite par ses représentants légaux, le Conseil général ; elle a été reconnue par le Gouverneur lui-même, le contre-amiral Dupré.

« La colonie de la Réunion n'est plus gouvernable sans une mo-
« dification profonde dans sa constitution politique ; cette modification
« doit appeler la population à concourir à la gestion des affaires pu-
« bliques par la nomination de ses Conseils municipaux et général, au
« moyen d'un système électoral établi sur la base la plus large. »

Tel a été le langage de tous pendant neuf ans ; tel a été le langage
du Gouverneur lui-même après la fatale soirée du 2 décembre 1868.

Et il a fallu que le sang des Français d'outre-mer coulât dans les
rues de Saint-Denis pour que ce vœu fût entendu. Il a fallu que le râle
des mourants, en frappant les oreilles des Français de la métropole,
portât avec lui les plaintes des colons, pour que ces plaintes, for-
mulées de toutes manières depuis 1859, fussent enfin entendues ....
Et qui sait ? Ne peut-on pas affirmer que ces plaintes n'ont trouvé de
l'écho sous les voûtes du ministère que parce que le Gouverneur s'en
est fait cette fois l'interprète et l'appui ?

# DU PROJET SOUMIS AU CONSEIL D'ÉTAT.

Quoi qu'il en soit, le ministère a agi. Le Conseil d'État est saisi
d'un projet de sénatus-consulte. Le Sénat va le mettre prochainement
en délibération.

Mais, de même qu'en 1866 on ne s'est occupé que de l'extension
des attributions des Conseils généraux, de même en 1869, le ministère
n'a consenti qu'à une seule réforme, la formation de ces Conseils par
voie d'élection...

Pourquoi ne pas, du même coup, vider définitivement les questions
vitales qui s'agitent dans les Colonies, ou dans les centres où le sort
des Colonies préoccupe quelquefois ? Et faut-il attendre encore des
funérailles pour ouvrir les yeux à la lumière ?

Ces questions sont d'importance réelle, quoiqu'à des degrés différents. Les unes se posant comme dans la métropole, sollicitent comme dans la métropole des solutions libérales, par les mêmes raisons.

Choix des maires par, ou tout au moins, dans les Conseils municipaux ;

Nomination du bureau du Conseil général par le Conseil lui-même ;

Le droit de substituer, dans les procès-verbaux des délibérations, le nom des conseillers qui y prennent part, à cette appellation devenue ridicule de : *Un membre.*

Toutes les raisons qui, dans la métropole, exigent ces modifications les commandent au même degré dans les colonies. De plus, dans les colonies, l'intérêt des partis politiques, l'intérêt dynastique n'existent pas.

Quelle raison donc de refuser des modifications demandées d'une voix unanime par tous les colons ?

Peut-être le projet de sénatus-consulte n'y a même pas songé. Cependant ces questions, en apparence sans importance, qui sont en effet sans importance au point de vue où se place le Gouvernement, en présentent une réelle au point de vue de l'autorité à donner aux assemblées locales et de la vie publique à entretenir dans ces pays à peu près désintéressés de la grande politique si féconde et si pleine de vitalité pour les citoyens de la métropole.

Il importe que le Conseil d'État et le Sénat complétent en ces trois points secondaires, mais je le répète, *d'une importance réelle*, le projet du ministère.

J'ai commencé par ces points secondaires, j'ai à signaler maintenant des points plus essentiels :

1° La loi électorale ;

2° L'assimilation politique avec la métropole ;

3° L'assimilation des colonies entre elles;

4° La représentation des colonies en France.

# LA LOI ÉLECTORALE.

Nulle raison de ne pas donner aux Colonies, à la Réunion du moins, la loi électorale de France.

Depuis 1848, l'esclavage est aboli : *et pas un colon ne voudrait le voir rétabli.*

L'égalité civile existe. L'égalité civique aussi, si on peut appeler égalité civique, l'égalité devant les charges et devant le refus sans cesse essuyés des droits les plus élémentaires.

Depuis 1854, l'instruction primaire est gratuite dans toute la Colonie. Nous, nous avons un lycée colonial qui compte 450 ou 500 élèves ; un collége diocésain qui en compte 180 ou 200 ; 3 colléges communaux.

Sans compter d'autres établissements d'enseignement libre plus modestes.

Quel est donc le département de France qui peut offrir une preuve aussi manifeste de l'ardeur des habitants à répandre et à recevoir l'instruction ?

L'instruction primaire, — qu'on entende bien ceci — qui n'est pas encore gratuite en France, l'est à la Réunion depuis 1854. Elle est donnée par deux écoles *au moins* dans chaque commune, aux garçons et aux filles.

Pourquoi donc refuser aux colons de la Réunion de participer au droit électoral qui est le droit commun de la France ?

Est-ce que parce que les avis ne sont pas unanimes dans la colonie sur la loi électorale qui nous convient ?

Mais où donc se rencontrerait cette unanimité ?

En France même l'eût-on rencontrée, si notre système électoral n'avait été la conquête de la glorieuse révolution de 1848 ?

Le 23 février 1848, le 24 février au matin, n'avions-nous pas en France même trois grandes divisions sur ce point ?

Les partisans du cens, avec M. Guizot ;

Les partisans du cens et adjonction des capacités, avec la gauche dynastique ;

Les partisans du suffrage universel, avec Ledru-Rollin ?

Au lendemain du 24 février, l'Assemblée constituante ne comptait-elle pas comme la France elle-même :

Les partisans du suffrage universel direct ;

Les partisans du suffrage universel à deux degrés ?

Le 31 mai 1849, l'Assemblée législative n'a-t-elle pas restreint le suffrage universel ?

Le 2 décembre 1851, le Président de la République n'a-t-il pas abrogé cette loi restrictive ?

En vérité, s'arrêter devant une pareille question jusqu'à ce qu'on réunisse l'unanimité des opinions et l'espérer, c'est n'y pas réfléchir, ou bien ne pas apporter de bonne foi dans l'appréciation qu'on en fait.

Est-il certain que la grande majorité des colons de la Réunion est pour le suffrage universel direct comme dans la métropole ? Cela n'est pas douteux. Interrogez tous les journaux de la colonie, les colons les plus autorisés.

Est-il certain que l'unanimité des colons incline au suffrage universel ?

Interrogez le Conseil général de 1865, composé de membres élus par le Gouverneur ou par ses Commissions municipales. Voici ce qu'il disait en 1865 dans des instructions envoyées au délégué, instructions délibérées en assemblée générale et votées à l'unanimité par le Conseil :

« Il n'y a qu'un pas du système électoral consacré par le projet de
« 1864 au suffrage universel, et le Conseil comme la population » (c'est
le Conseil qui en témoigne), « serait prêt à franchir ce pas, si cette
« concession dont les conséquences ne sont pas redoutées d'ailleurs,
« devait assurer au pays le bénéfice de tout ou partie des autres pro-
« positions de 1864. »

Quand un Conseil général choisi par le Gouvernement, un gouvernement exclusif de tout droit électoral, vient déclarer *qu'il ne redoute pas, que la population ne redoute pas le suffrage universel*, quelle raison le ministre a-t-il de le refuser, quelle raison aurait le Sénat de ne pas le consacrer comme système électoral des colons de la Réunion pour la formation de ses Conseils municipaux et de son Conseil général ?

Est-il besoin de rappeler qu'en 1848, au lendemain de l'abolition de l'esclavage et jusqu'en 1851, le suffrage universel a fonctionné à l'Ile de la Réunion pour la nomination des députés, et qu'il a envoyé aux Chambres françaises :

M. Barbaroux, ancien procureur général à la Réunion, alors procureur général en Algérie, depuis membre de la Commission consultative, conseiller d'État et sénateur ; M. de Gresland, ancien procureur du roi, depuis membre de la Commission consultative après le 2 décembre ; M. Adrien Bellier, ancien conseiller colonial, depuis vice-président du Conseil général et délégué du Conseil général de la Réunion ?

Et que non-seulement ces choix, mais le calme et la dignité de la population de la Réunion dans ces diverses épreuves, ont démontré dès 1849, que cette population était digne de participer à ce droit souverain.

Et, depuis 1849, nous avons eu vingt ans d'une tranquillité qui n'a jamais été troublée, nous avons établi chez nous l'instruction primaire gratuite, l'idéal encore rêvé en France ! ! !

D'ailleurs, en dehors du suffrage universel, à moins que pour toute capacité on n'exige du citoyen qu'il sache lire et écrire, ce qui serait rendre facilement et civiquement obligatoire l'instruction gratuite déjà, on tombe dans des catégories impossibles. C'est ainsi que, dans le projet, le fruit sec des écoles centrales, d'agriculture et des arts et métiers ne sera pas électeur.

Quant au cens, il est tellement condamné par les mœurs françaises qu'on ne comprend vraiment pas qu'il puisse en être question, par des législateurs français, pour une colonie si avancée et en si parfaite communion d'idées avec la France que l'est l'île de la Réunion.

# ASSIMILATION POLITIQUE. — AUTONOMIE.

Cette question d'assimilation se présente sous deux aspects :

Faut-il conserver aux colonies françaises leur autonomie par rap-port à la mère-patrie ?

Ne faut-il pas la leur donner entre elles ?

Grande, très-grande question que celle de l'assimilation politique, et ceux-là même qui la demandent avec le plus de talent et d'énergie tiennent si fort à l'autonomie administrative des colonies, qu'ils feraient bon marché je crois de cette assimilation, qui doit les inquiéter un peu à cause de l'extrême difficulté de séparer exactement et précisé-ment ce qui fait la partie politique de ce qui fait la partie administra-tive, si on leur accordait ces deux choses : *le suffrage universel et la représentation directe.*

J'ai dit ma pensée sur le suffrage universel.

Je la dirai tout à l'heure sur la représentation.

Qu'il soit bien établi, dès à présent, que je veux pour la colonie *une autre représentation que celle qui existe.*

Mais je déclare que, pour ma part, je n'admets l'assimilation ni des colonies avec la mère-patrie, ni des colonies entre elles.

Commes raisons générales de cette opinion j'invoque deux choses :

1° L'impossibilité d'obtenir, en l'état de nos préoccupations poli-tiques, de la métropole et des pouvoirs appelés à statuer sur cette question, le temps, le loisir, la tranquillité d'esprit qu'il convient d'ap-porter à l'étude d'une aussi grave question avant de se décider. On nous repousserait donc purement et simplement.

2° Le système colonial des Anglais a donné jusqu'ici des résultats que nous serions fort heureux de réaliser en France. Il est basé sur l'autonomie administrative *et politique* des colonies.

Cherchons à faire aussi bien que les Anglais, et quand nous en serons là, nous chercherons à faire mieux. Nous avons, pour franchir cette première étape un assez beau champ à parcourir.

Comme raisons particulières :

Nos besoins, notre position géographique, la composition de notre population coloniale, notre organisation industrielle et commerciale, notre état social, repoussent cette assimilation avec la métropole.

L'assimilation en effet, nous soumettrait aux mêmes lois de douanes, de police, de sûreté et d'organisation judiciaire que la métropole. Ce qui serait pour les unes une entrave au développement de notre industrie et de notre commerce, et pour les autres la désorganisation de nos ateliers et l'injustice.

L'assimilation politique, ai-je dit, entraînerait fatalement l'assimilation quant aux lois de police et de sûreté, et d'organisation de justice criminelle et répressive. Ces dernières lois ont en effet une connexité parfaite, un lien intime avec les lois politiques. Or, pour l'exploitation de nos terres et pour la plupart de nos industries, nous sommes obligés de recourir aux travailleurs étrangers qui nous viennent des côtes d'Afrique, de l'Inde et de la Chine, tous païens, la plupart même sortant de l'état sauvage pour être improvisés travailleurs libres dans un pays civilisé.

Et ces hommes représentent pour la Réunion plus du tiers de la population coloniale. Leur présence, à coup sûr, ne peut pas avoir pour conséquence de faire refuser aux citoyens français, à tous égards dignes de ce titre, qui sont nés dans la colonie ou viennent s'y fixer, les droits du citoyen français, mais la présence pour un tiers de ces hommes dans la population coloniale, prescrit des lois de police et de sûreté et d'organisation judiciaire en harmonie avec la situation qu'elle crée. Ainsi, pour n'en citer que deux exemples, promulguez à la Réunion la loi sur les coalitions, et vous désorganiserez le travail ; en désorganisant le travail vous compromettrez à coup sûr l'ordre public, la sécurité publique même.

A un autre point de vue, appliquez à une population composée en partie de cet élément, le Code pénal qui régit les Français nés, grandis, et vivant sur les bords de la Seine, et cela sans aucun tempérament, et vous commettrez la plus grande injustice. Ce tempérament, il se trouve aujourd'hui et avec la législation spéciale qui régit la colonie, dans la composition de nos Cours d'assises. Au lieu que la justice criminelle soit rendue par le jury qui ignore et doit ignorer les conséquences, au point de la pénalité, des réponses qu'il fera aux questions posées par la Cour ou par l'acte d'accusation, elle est rendue par des magistrats qui connaissent la loi, et des assesseurs pris dans la population, placés les uns et les autres sur le même rang, avec les mêmes droits et la même mission. Avant de résoudre une question, ils savent, ils ont le droit et le devoir de savoir quelle sera la conséquence pénale de la réponse qu'ils vont faire, et pour se décider, avec la souveraineté dont ils sont investis, ils mesurent la sévérité de la peine au degré de responsabilité du coupable, en tenant compte de l'origine, de l'éducation, des mœurs de ce coupable, toutes circonstances qui influent souvent sur cette responsabilité au delà de la mesure limitée des circonstances atténuantes.

Aussi, en recherchant bien l'origine des plaintes qui se sont élevées contre l'institution de l'assessorat, on la trouve dans le mécontentement de la magistrature bien plutôt que dans les griefs des prévenus ou du barreau. La magistrature, qui incline souvent à la sévérité, et qui souffre plus des violences faites aux textes solennels que de la violence qui serait faite à la justice absolue, subit, en formulant ces plaintes, un préjugé d'état, si je puis m'exprimer ainsi.

Qu'importe après tout ce déplaisir du magistrat de profession, si la justice, c'est-à-dire l'humanité trouve son compte à cette institution.

Donc, à mon avis, pas d'assimilation politique.

Parce qu'il sera à peu près impossible, dans toutes les lois futures, de fixer d'une manière assez précise pour qu'elles ne soient jamais franchies d'un côté ou de l'autre, les limites qui sépareront l'assimilation politique et l'autonomie administrative, et *que l'autonomie administrative absolue est une nécessité primordiale pour les colonies;*

Parce que l'assimilation politique aurait pour conséquence fatale l'assimilation, quant aux lois de police et de sûreté, ce qui entraînerait la ruine de notre industrie, la désorganisation de nos ateliers et des injustices intolérables.

# AUTONOMIE DES COLONIES ENTRE ELLES

Mais ce n'est pas assez que de maintenir l'autonomie des colonies au regard de la métropole. Par de fortes raisons, l'assimilation politique et administrative des colonies entre elles doit être renversée dans l'avenir, parce qu'elle n'a aucune raison d'être, *parce que leur autonomie individuelle est une nécessité au contraire.*

Le Sénégal, l'Algérie, la Cochinchine, la Nouvelle-Calédonie, nos possessions de l'Inde, nos îles de Nossi-Bé, Mayotte et Sainte-Marie, forment autant de colonies distinctes entre elles et régies chacune par des lois et des mesures qui *peuvent* être différentes.

Pourquoi le ministère de la Marine et des Colonies persiste-t-il donc à vouloir que les colonies de la Martinique, la Guadeloupe et la Réunion soient placées sous un même joug politique, législatif, administratif.

Nous n'avons ni les mêmes besoins, ni les mêmes intérêts, ni les mêmes mœurs peut-être, ni les mêmes aspirations. Nous voulons par exemple, à la Réunion, le suffrage universel, la nomination des maires par les conseils municipaux, la nomination de son bureau par le conseil général, la liberté de la presse. Nous voulons tout cela, nous le demandons, nous en sommes dignes. Nous souffrons depuis dix ans et plus d'être privés de toutes ces institutions libérales ; nous en souffrons jusqu'à être par moments exaspérés de voir nos réclamations impitoyablement repoussées. Les Antilles n'en veulent pas. On nous les refuse parce que nos sœurs siamoises n'en veulent pas. Est-il juste que nous soyons ainsi contrariés dans nos aspirations les plus ardentes, les plus constantes et les plus justifiées ? Est-il donc juste que nous soyons ainsi, par le mauvais vouloir ou l'impuissance des autres colonies, entravés dans le développement de notre prospérité ? Et nous, qui depuis vingt ans avons semé si généreusement, si largement l'instruction chez nous, quand nous en réclamons le prix, notre émancipation, comme juste conséquence, est-il décent qu'on nous réponde les Antilles ne sont pas prêtes ?

Notre autonomie, notre indépendance, nous ne saurions trop le redire, nous la réclamons non-seulement par rapport à la métropole, mais encore par rapport aux autres colonies. A chacune selon ses œuvres et ses mérites.

Depuis dix ans nous sollicitons par tous les moyens possibles, pétitions, vœux, réclamations, discours des Gouverneurs, délibérations des commissions municipales et du conseil général une législation sur les eaux et forêts, pour arrêter les défrichements de nos montagnes, qui ont eu pour effet de sécher nos cours d'eau et d'éloigner les pluies et les orages de notre île, et finalement de tarir la source de notre prospérité agricole. Savez-vous ce qu'on a fait de nos vœux? On a interrogé les Antilles, des colonies de plaines, pour lesquelles la question présente à peine quelqu'intérêt, tandis qu'elle est capitale, vitale même pour la Réunion. Les Antilles n'ont pas répondu. Et depuis dix ans, malgré les demandes réitérées à chaque session par le conseil général de la Réunion, depuis dix ans nous attendons et nous, nous mourons par les sécheresses, nos usines chôment parce qu'elles manquent d'eau.

Et que faire? Nous avons tenté une législation locale, elle a été annulée comme inconstitutionnelle. La constitution coloniale de 1854 réserve au Sénat seul le droit de légiférer sur cette matière. Et le ministère de la marine ne saisira le Sénat que quand le besoin s'en fera sentir aux Antilles.

N'est-ce pas une dérision?

Donc, encore une fois, notre autonomie, par rapport à la métropole et par rapport à toutes les autres colonies, voilà le besoin essentiel de la colonie de la Réunion.

# REPRÉSENTATION DES COLONIES.

J'ai dit plus loin que l'assimilation politique n'était demandée par ses partisans qu'en vue d'obtenir *le suffrage universel* et *la représentation directe des colonies*. Deux choses essentielles, parce que la prospérité, la tranquillité, la vie même morale, intellectuelle et industrielle, autant que la sécurité de la colonie, dépendent désormais de l'existence de ces deux institutions.

Le cens créerait des catégories dans un pays qui n'en demande pas, et qui témoigne, tout entier, une répulsion énergique pour toute distinction politique entre ses membres.

Le déjaut de représentatiun directe et indépendante lui crée vis-à-vis des oureaux du ministère une position d'assujettissement qui annihile toutes ses ressources vitales, anéantit tous ses efforts et la place dans un état d'impuissance et d'abandon fatal à l'épanouissement de ses forces vives.

Il faut changer la représentation actuelle dans son origine et dans ses attributions à la fois.

Dans son origine, il faut que le représentant de la colonie soit nommé comme les représentants de la France, par le suffrage universel ou tout au moins par un Conseil général élu lui-même par le suffrage universel.

Dans ses attributions, il faut qu'il ne soit pas placé ainsi que l'est le délégué actuel, dans la dépendance du ministère des colonies, et dans la dépendance des délégués des autres colonies réunis en conseil.

Je l'ai déjà dit, la législation sur les eaux et forêts est restée depuis dix ans dans les cartons du ministère.

Les vœux sans cesse formulés pour obtenir l'inamovibilité des magistrats, les réformes dans nos lois constitutionnelles et organiques, la promulgation à la Réunion de certaines lois en vigueur en France, les réclamations au sujet de la retenue opérée, depuis 1856, indûment par la Caisse des invalides de la marine sur les dépenses du budget colonial, tout cela est resté enfoui dans les bureaux du ministère de la marine et des colonies, sans que le délégué ait réussi à obtenir la solution d'aucune d'elles. Pourquoi ? C'est facile à comprendre.

Le délégué représente non la colonie, mais le Conseil général, et le représente près du ministre seulement.

Pour les affaires dont la solution dépend du ministre seul, ou de l'administration, l'action du délégué expire dans les bureaux mêmes du ministère.

Pour les affaires dont la solution dépend de plus haut, décret de l'Empereur, décision du Conseil d'État, loi du Corps législatif ou sénatus-consulte, le ministère est toujours *l'intermédiaire obligé*.

Si la solution demandée convient au ministère, et elle ne lui convient que si elle est demandée à la fois par les trois colonies, le Comité consultatif des colonies se réunit. Ce Comité se compose de sept membres : un membre pour chacune des trois colonies ; trois autres membres pour les autres colonies innommées, prises *in globo*, nommés par le ministre et un président nommé par le ministre encore.

Ces quatre membres du Comité consultatif n'ont pas de mandat des colons, ni des Conseils généraux, par suite, pas de responsabilité par rapport aux intérêts des colonies. Ils ne représentent rien que le système colonial, c'est-à-dire le ministre.

C'est là qu'expire toute question qui sollicite une solution d'un pouvoir autre que celui du ministre. Et si, par voie de pétition ou de supplique, l'énergie des colons la porte devant le pouvoir compétent, le Conseil d'État, le Sénat ou l'Empereur, elle y arrive condamnée déjà par le ministre et par le Comité consultatif émanant du ministre.

La prospérité des colonies ne peut être espérée que si elles sont émancipées de cette tutelle du ministère et de ses bureaux, et cette émancipation ne peut être que le résultat d'une représentation directe et indépendante pour chaque colonie.

Chose qui n'échappe pas à l'observateur intelligent.

S'agit-il d'une question de principe ou d'affaires ou d'institutions ? Le Ministère est tout-puissant ; il la suit, la dirige ou l'étouffe, quelle que soit son incompétence, j'allais dire son ignorance, des besoins et des conditions dans lesquelles se meut chaque colonie. Et qu'on n'aille pas soutenir que ces hommes intelligents d'ailleurs, probes, pleins de bon vouloir, mais qui sont nés et ont constamment vécu hors des colonies, peuvent les connaître par les rapports officiels qui leur passent périodiquement sous les yeux. Non, ceux-là seuls qui ont vécu dans une colonie, qui l'ont habitée, qui y ont eu ou y ont des intérêts, la connaissent au point de pouvoir apprécier quelles institutions, quelles lois, quelles mesures administratives leur conviennent ou point. D'où la nécessité de cette autonomie administrative et semi-politique en faveur de laquelle je me suis prononcé plus haut. D'où la nécessité aussi de constituer pour chaque colonie une représentation directe et indépendante.

Mais que sera et que peut être cette représentation ?

Bien plutôt des députés au Corps législatif qu'un délégué auprès du ministre. Le député du moins sera indépendant du ministre. Il pourra porter à la tribune, c'est-à-dire à la connaissance du souverain, de la France et de l'Europe entière, les plaintes et les vœux de chaque colonie. Il pourra, que cela plaise ou non au ministre, que cela soit ou non dans les idées et les vues du ministre, il pourra provoquer, de la part de la Chambre souveraine, des mesures souveraines aussi, avec l'autorité que lui donnera sa double qualité de député et la connaissance spéciale qu'il aura du pays qu'il représente.

C'est là un besoin de premier ordre, une nécessité absolue pour les colonies, de s'affranchir, au moyen de la représentation directe, de la tutelle oppressive et mortelle du ministère de la marine.

Mais, nous dira-t-on, vous défendez votre autonomie comme une condition non moins essentielle au développement, à la vie même des colonies ! Comment admettre que vous ayez à la Chambre, des députés qui voteront un budget qui ne vous sera pas applicable, des lois fiscales qui ne vous obligeront pas, des tarifs et des lois pénales auxquels vous ne serez pas soumis ?

Soit. Il peut y avoir là des raisons de nous refuser des représentants qui votent ces lois et ces tarifs. Mais ne peut-on pas concilier ces deux conditions essentielles de l'existence, ou tout au moins de la prospérité des colonies, en leur donnant des représentants nommés comme les représentants de la métropole, par le suffrage universel, et qui représenteraient les colonies comme leurs commissaires, chaque colonie étant individuellement représentée, devant le ministre, devant l'Empereur, devant le Conseil d'État, devant le Corps législatif ou le Sénat, selon que les affaires ou questions pendantes et intéressant les colonies, seront du ressort du ministre, de l'Empereur, du Conseil d'État, du Corps législatif ou du Sénat? Leur mission près du ministre, de l'Empereur et du Conseil d'État est fort aisément praticable ; devant le Corps législatif et le Sénat, ils seraient appelés et se présenteraient, dans toutes les questions qui intéressent les colonies qu'ils représentent, comme commissaires de cette colonie, et seraient entendus en cette qualité. Ils n'auraient pas l'autorité du vote, mais ils auraient l'autorité de la parole et de l'éclatante publicité que donnent aux paroles dites à la tribune de nos grandes assemblées, le journal officiel et la presse entière.

Organisée de cette façon, indépendante par son origine, qui serait le choix des colons par le suffrage universel direct ou à deux degrés, indépendante par la séparation, toutes les fois qu'elle serait utile, des intérêts différents des diverses colonies entre elles, indépendante par l'étendue même de son mandat, la représentation des colonies près des pouvoirs de la métropole serait complète, et les colonies seraient affranchies enfin de la tutelle des bureaux incompétents du ministère, tutelle qui place sous une même règle, sous un même niveau, des colonies dont les besoins, les intérêts, les aspirations, les mœurs même, diffèrent quelquefois si essentiellement.

Que, si la présence de ces représentants coloniaux comme commissaires près de nos deux grandes Assemblées semble impraticable, du moins on pourrait, dans l'organisation de la représentation des colonies, édicter en leur faveur le droit d'être entendus toutes les fois qu'ils le demanderaient, dans les commissions de ces Assemblées où s'élaboreraient les projets de loi ou de sénatus-consulte intéressant les colonies.

Ce serait une moindre garantie que leur présence devant l'Assemblée elle-même, mais enfin ce serait une représentation plus efficace que celle dérisoire qui nous a été accordée jusqu'ici.

Qu'on n'objecte pas que ce droit n'est accordé par la Constitution qu'aux ministres, et qu'il serait refusé par le Corps législatif lui-même à tous autres, sénateurs, préfets, maréchaux. D'accord. Sénateurs, préfets, maréchaux et autres fonctionnaires ne sont que des représentants ou des émanations du pouvoir exécutif, et le pouvoir exécutif a ses représentants dans les ministres, tandis que les colonies, elles, ne sont pas représentées.

En résumé pour que le nouveau sénatus-consulte qui va régir les colonies réponde aux besoins et aux vœux de la Réunion, il faut :

1.ᵉ Qu'il consacre le suffrage universel comme système électoral pour la formation du Conseil général, des Conseils municipaux et la nomination du Délégué ;

2° Qu'il consacre l'individualité de chacune des colonies, par suite, leur séparation, en principe, sous le rapport de toutes les lois, même des lois constitutionnelles et organiques ;

3ᵉ Qu'il accorde aux colonies une représentation directe et individuelle pour chaque colonie, représentation qui fonctionnera également près de tous les pouvoirs constitués de la métropole, et indépendamment du ministère de la Marine, toutes les fois que l'intérêt de la colonie représentée le sollicitera ;

4° Qu'il consacre que le bureau du Conseil général sera nommé par le Conseil ;

Que les maires seront choisis par ou dans les Conseils municipaux ;

Enfin que les procès-verbaux des délibérations du Conseil général mentionneront les noms des membres qui prennent part à ces délibérations.

Et, comme complément des attributions des Conseils généraux, il faudrait leur laisser, sans aucune restriction, le droit d'établir toutes les taxes, l'assiette de tous les impôts, puisque les colonies supportent seules, et sauf l'intervention de la métropole, toutes les charges locales.

Telles sont, sinon toutes les réformes, au moins les réformes indispensables et urgentes que sollicitent les vœux des colons de la Réunion, et qu'exige le développement industriel, commercial, intellectuel et moral de la colonie.

G. VINSON.

Paris, 24 novembre 1869.

Paris.-Imp. PAUL DUPONT — 4444.11.9

www.ingramcontent.com/pod-product-compliance
Lightning Source LLC
Chambersburg PA
CBHW051417060726

47596CB00005B/2257